Jardin Zoologique d'Acclimatation

Guerriers Dahoméens

Prix : 5 Centimes

En vente à la Librairie du Jardin Zoologique d'acclimatation

PARIS

MAISON DE LA
BELLE JARDINIÈRE
2, Rue du Pont-Neuf, PARIS
VÊTEMENTS
tout
FAITS
et sur
MESURE
pour
HOMMES
pour
JEUNESGENS
et pour
ENFANTS
CHOIX
IMMENSE.
ASSORTIMENT
le plus
COMPLET
de tout ce qui concerne
l'Habillement
de l'HOMME
à des
PRIX
très
AVANTAGEUX
UNIFORMES
Civils
et Militaires.
LIVRAISON A DOMICILE
dans PARIS.
EXPÉDITION EN PROVINCE
FRANCO au-dessus de 25 fr.
Mêmes PRIX et Mêmes AVANTAGES dans nos SUCCURSALES
d'ANGERS, LYON, MARSEILLE, NANTES, LILLE, ELBEUF, et de PARIS, Place Clichy, n° 1

GUERRIÈRES ET GUERRIERS

DU

DAHOMEY

AU

JARDIN ZOOLOGIQUE D'ACCLIMATATION

FÉVRIER 1891

Il n'est guère de science plus à la mode que l'ethnographie : N'a-t-elle pas aujourd'hui ses annales et ses revues, ses livres de voyage, ses musées, ses instructives et curieuses exhibitions au Jardin Zoologique d'Acclimatation, attraction du public, étude des savants ?

Chaque caravane qui se succède sous nos yeux est comme un nouveau chapitre ajouté à un livre original et vivant, hautement pratique, vécu plutôt que lu par le grand public, dont il n'y a qu'à tourner le feuillet pour passer des savanes et des pampas du nouveau monde dans les vastes solitudes de l'Afrique barbare; des lointains archipels dans la froide Laponie; des glaces des Esquimaux aux régions brûlées des Somalis; des steppes de la Tartarie aux pays des Cafres et des Hottentots, aux rivages féeriques de l'océan Indien. Il ne saurait mentir, ce livre en action, qui se raconte lui-même, où la phrase est un fait, le document un tableau, le charme incomparable et vrai la vue même des personnes et des choses.

Le chapitre nouveau que le Jardin d'Acclimatation nous présente aujourd'hui, ce sont des guerriers et des guerrières du Dahomey.

Ces guerrières fameuses, type étrange et lé-

GRANDS MAGASINS
DE LA PLACE CLICHY
Rues d'Amsterdam et de Saint-Pétersbourg

HISTOIRES RAPIDES SUR LA RÉGION DE CLICHY ET SES ENVIRONS

Le petit village de Clichy, aujourd'hui englobé dans Paris, fut un des plus anciens de la Gaule. Son créateur fut Dagobert Ier.

Ce monarque, représenté à tort comme un roi débonnaire dans la ronde que chantent nos enfants, avait installé à Clichy, alors appelé « Cliniacum », une sorte de Trianon, où il vécut heureux, où il se maria et où il mourut. Cette résidence royale, entretenue par ses successeurs de la première race, a laissé des vestiges dans toute la région ; en effet, si le Trianon de Dagobert a été balayé par le temps, l'abbaye de Saint-Denis, fondée par lui, subsiste, ainsi que le nom d'un de ses ministres, saint Ouen, attribué à un village voisin.

La paroisse de Clichy, dont saint Vincent de Paul a été le chef, est devenue l'une des plus vastes du futur département de la Seine. Avant la Révolution, elle s'étendait depuis les bords du fleuve (à Levallois) jusqu'aux Porcherons (rue Lamartine).

Le nom de Clichy s'est illustré, chacun le sait, en 1814, par l'héroïque résistance de la garde nationale commandée par le maréchal Moncey.

A cette date néfaste remonte la réputation du restaurateur Lathuile, qui dit à l'état-major du maréchal : « Entrez, videz mes caves ; qu'il ne reste pas une bouteille pour les alliés ! » Notons, en passant, qu'en ce temps-là, il y avait encore du vin.

Le nom de Clichy fut pris par le fameux club de conspirateurs royalistes établi dans le bas de la rue de Clichy, non loin de la rue du Mont-Blanc, aujourd'hui Chaussée-d'Antin.

Clichy fut aussi le vocable de la prison pour dettes qui s'élevait où est maintenant la rue Nouvelle.

C'est en raison de ces souvenirs historiques que le nom de Clichy a prévalu sur les appellations des quartiers environnants.

gendaire, qui nous apparaissent comme une **vision** chimérique, dans je ne sais quelles vapeurs troublantes d'un mirage africain, sont là, sous **nos** yeux, avec leur pittoresque uniforme, leurs armes meurtrières, leurs danses et leurs jeux, simulacres de **combat**, leur aspect farouche et vaillant.

****

Situé au nord de la « côte des Esclaves », dans la Guinée Supérieure, le Dahomey s'étend environ jusqu'au 8e parallèle nord. Assez difficile de préciser sa superficie et sa population. On admet généralement 10,400 kilomètres carrés d'étendue et 200,000 habitants.

La côte sablonneuse et insalubre qui sépare le Dahomey de la mer possède de nombreux villages nègres, factoreries européennes, colonie anglaise de Lagos, établissement français de Porto-Novo et de Whyda.

C'était dans ces ports qu'on embarquait jadis d'immenses troupeaux d'esclaves, commerce impie, victorieusement enrayé par la civilisation.

Après la côte, vers la capitale Abomey, le pays apparaît plus salubre et plus accidenté : hauts plateaux aux escarpements rocheux, bordés de précipices, couverts d'épaisses forêts, refuge d'innombrables éléphants dont la chasse représente l'une des principales ressources de la contrée.

Les nègres du Dahomey constituent une des plus belles et des plus intelligentes populations de l'Afrique barbare. Grands et vigoureux, agiles et bien faits, actifs et vaillants, l'âme ardente et fière, le corps robuste et nerveux; guerriers redoutables avant tout, artisans ingénieux, tisserands et teinturiers adroits, potiers habiles, armuriers remarquables, orfèvres délicats, grands forgerons de fer, travaillant l'or, l'argent et les pierres précieuses; commerçants rusés, agriculteurs expérimentés, cultivant l'oranger, la canne à sucre, le maïs, le manioc, les céréales, le coton, le tabac, élevant moutons, chèvres et volailles; malheureuse-

GRANDS MAGASINS DE LA PLACE CLICHY

Suite de l'Histoire rapide sur la région de Clichy et ses environs

S'il était donné à Dagobert de pouvoir remonter sur son énorme cheval de Neustrie, pour se rendre de Clichy à Lutèce, là-bas, là-bas, au pied de l'autre versant de la montagne, dans l'île occupée aujourd'hui par la Cathédrale et le Palais de justice, aussi blasé que puisse être ce roi des Francs, connu pour sa magnificence, il éprouverait une émotion — peut-être de la terreur — à traverser le dédale de la gigantesque fourmilière qui a envahi et rasé son château.

Il est toutefois probable que, s'il effectuait ce voyage le soir, la riante animation de la place Clichy, son égayant éclairage, l'arrêteraient tout net. Il n'irait pas plus loin.

Il se demanderait quel est ce palais enchanté, qui plonge ses lumières dans deux rues profondes, et auprès duquel le sien n'est qu'une obscure guérite. On lui répondrait : « Ce palais est un magasin de nouveautés : le **Magasin de la Place Clichy** ».

Et certainement il descendrait de cheval et entrerait dans le palais. Là, d'éblouissement en éblouissement, il voudrait tout acheter pour la reine et pour lui.

« Hélas ! mon pauvre sire ! pourrait-on dire respectueusement à ce souverain réduit à pourvoir lui-même à sa liste civile, « vous qui leviez des contributions avec tant de désinvolture, vous mettriez en vain à réquisition les paysans de votre royaume d'Austrasie, vous ne parviendriez pas à réunir une somme d'argent égale à la valeur des marchandises accumulées de bas en haut, de long en large, dans les grands **Magasins de la Place Clichy.** »

Disons un mot de cette maison, qui, par son ancienneté, sa prospérité mérite de figurer dans l'histoire de la région de Clichy.

Elle a commencé menu. C'est grâce à une loyauté éprouvée ; c'est en s'assujettissant à toujours offrir la primeur de la nouveauté, de l'élégance, de la mode ; c'est en se mettant en mesure de donner satisfaction à toute acheteuse, à la plus coquette des femmes comme à la plus économe des mères de famille ; c'est en multipliant à l'infini la nature des articles et leur assortiment; c'est grâce à cette réunion d'efforts soutenus, incessants, que les chefs de cette grande maison sont parvenus à doter une des plus belles places publiques d'un magnifique magasin de nouveautés.

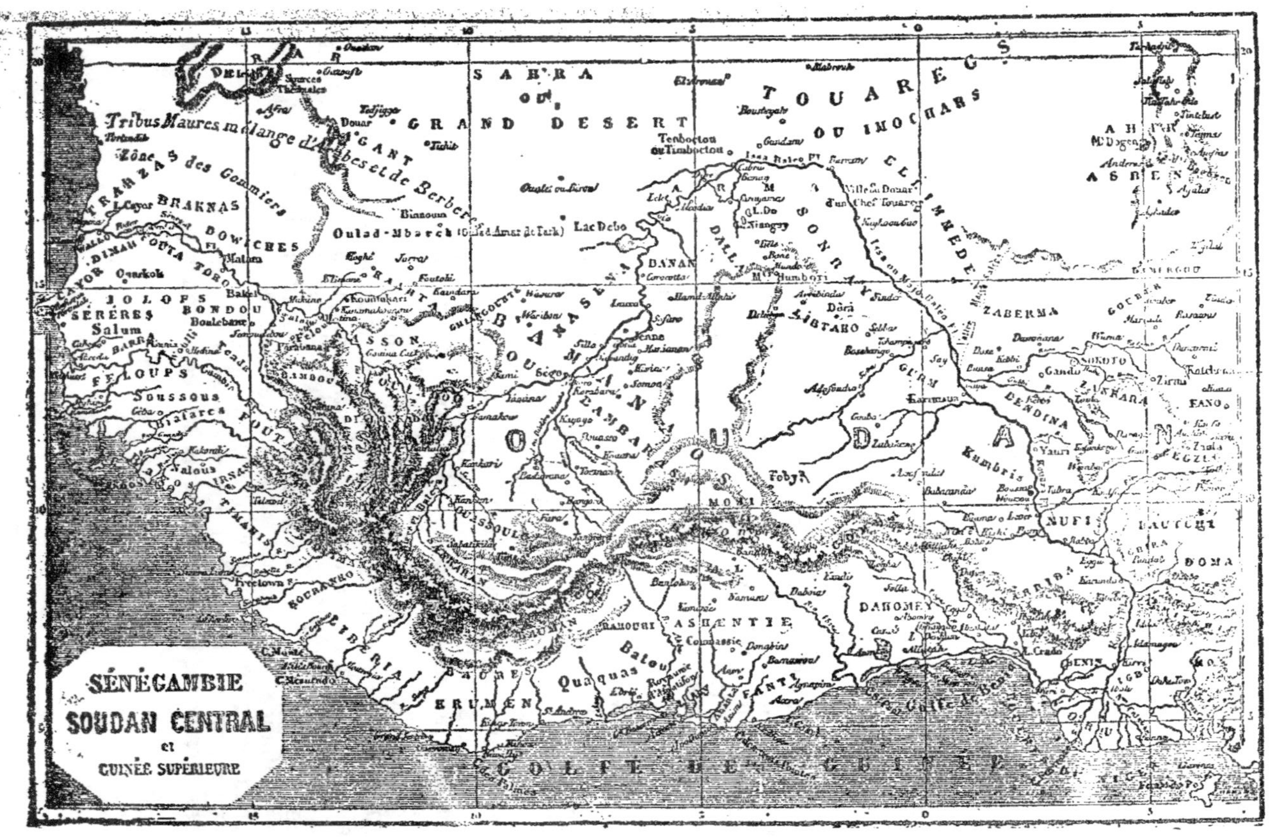

SÉNÉGAMBIE
SOUDAN CENTRAL
et
GUINÉE SUPÉRIEURE
SAHARA OU GRAND DESERT
TOUAREGS OU IMOCHARS
ASBEN
Tribus Maures mélange d'Arabes et de Berbers
Zône des Gommiers
BRAKNAS
DOUICHES
DIMAR FOUTA TORO
JOLOFS
SERÈRES
BONDOU
Salum
FELOUPS
Soussous
FOUTA
LIBERIA
SONRAY
ZABERMA
DALLA
DANAN
LIBTAHO
GURMA
DENDINA
SOKOTO
ZAKARA
FANO
Kumbris
EGZA
NUFI
BAUCHI
DOMA
KARIBA
DAHOMEY
ASHANTIE
Coumassie
BAHOURI
Batou
QuaQuas
KRUMEN
BÉNIN
GOLFE DE GUINÉE
Tenboctou ou Timboctou
Lac Debo
M.t Humbori
Freetown

A LA PLACE CLICHY

PARIS   NOUVEAUTÉS   PARIS

Suite de l'Histoire rapide sur la région de Clichy et ses environs

Parmi ces richesses, au milieu de cette abondante variété de produits de l'art industriel, tirés des premières fabriques du monde entier, étalés sous les yeux émerveillés de leur clientèle d'artistes et de gens de goût, les **Magasins de la Place Clichy** possèdent pourtant un article dominant, un article qu'ils ont pour ainsi dire mis à la mode, un article somptueux dont ils se sont fait une spécialité sans rivale : le TAPIS D'ORIENT.

En effet, tout ce que l'Orient exécute de plus beau, de plus original en tapisserie, si nombreuses et si étendues que soient les contrées productrices, on le trouve dans les **Magasins de la Place Clichy.**

Une section de leur administration est exclusivement affectée à ce service ; ainsi, pendant que des employés vendent à Paris, pendant que des équipes de tapissiers, choisis parmi les plus habiles, confectionnent avec ces tapis des meubles d'une richesse et d'un confortable exquis, d'autres employés, postés à demeure, comme des consuls, sur les points de production de l'Europe et de l'Asie, font razzia des plus belles choses et les expédient à Paris, pour alimenter l'assortiment prodigieux de cette maison.

On ne s'étonnera pas que, montés sur un tel pied, les **Magasins de la Place Clichy** attirent les acheteurs soucieux de bien employer leur argent.

En terminant cet historique rapide sur la région de Clichy et ses environs, nous croyons être utiles à nos aimables lecteurs en donnant, d'autre part, la nomenclature des comptoirs qui composent l'ensemble de cette puissante administration qui a pour devise : « Confiance et Loyauté », et comme extrait de ses principes généraux : « Vendre bon marché », principe duquel ne se départiront jamais les administrateurs des **Grands Magasins de la Place Clichy.**

ment, distraits de ces travaux pénibles et féconds par les tyranniques obligations de guerres incessantes; tels sont les Dahoméens. Terrible, le revers de la médaille : On les voit adonnés à toutes les superstitions, à toutes les sorcelleries aveugles, à toutes les extravagances d'un fétichisme sanglant, ne célébrant aucune fête sans d'épouvantables sacrifices humains, et se présentant ainsi, sur le seuil de la civilisation, les mains couvertes de tant de sang que toutes les eaux des fleuves africains ne sauraient l'effacer.

Chez ce peuple curieux, le gouvernement est absolument militaire, et le pouvoir du roi d'une tyrannie sans exemple. A lui, la vie et les biens de tous. A vrai dire, c'est le seul propriétaire du royaume; ce qu'il désire, il le prend; ce qu'il convoite, il l'a. Les pauvres ne comptent pas; un grand, un cabécère (guerrier supérieur), un puissant seigneur lui semblent-ils trop riches, il confisque leurs biens. Un courtisan fait-il mine de devenir gênant, le roi lui mande de « s'en aller », c'est-à-dire de se suicider. Il pousse quelquefois la courtoisie jusqu'à lui envoyer du poison ou un glaive irréprochablement affilé. Si le courtisan hésite, chose rare, il est noyé en compagnie d'un chien, qui l'accompagne vers une Afrique meilleure. Le roi du Dahomey, c'est le maître de tous les vivants, comme il est l'héritier de tous les morts.

**

Comme exemple authentique et douloureusement curieux des mœurs dahoméennes, nous rappellerons le récit de M. Eugène Thoaris, otage français, énumérant d'une façon saisissante les craintes et les souffrances des malheureux prisonniers :

Après les avoir brutalement couchés à terre, on commence par leur mettre les fers aux pieds et le carcan au cou. Passée dans tous les carcans, une lourde chaîne les lie solidement ensemble. Sous la pression irrésistible et continue des fers,

GRANDS MAGASINS
DE LA
PLACE CLICHY
Rue d'Amsterdam, 97, 99 et 101,
Rue St-Pétersbourg, 32, 36, 38, 40, 42 et 44
PARIS

NOUVEAUTÉS

Les Magasins comprennent les Comptoirs suivants :
Soieries, Velours, Etoffes nouvelles, Lainages noirs
et couleurs, Indiennes, Draperie, Flanelles, Toile,
Linge confectionné, Mouchoirs, Blanc de coton, Ri-
deaux, Trousseaux, Layettes, Lingerie, Dentelles,
Cravates, Fichus et Pèlerines, Corsets, Bonneterie,
Tricots, Jerseys, Ganterie, Parapluies et Ombrelles,
Parfumerie, Mercerie, Modes, Rubans et Fleurs, Pas-
sementerie, Chaussures, Robes, Jupes et Jupons, Man-
teaux et Confections pour Dames, Costumes pour Da-
mes et Enfants, Chemises, Etoffes pour Ameublement,
Tapis, Tapisserie, Ebénisterie, Literie, Couverture,
Articles de Paris, Articles de Voyage, Jouets, Bijou-
terie, Horlogerie, Article de Chine et du Japon.

Articles de Ménage

Ustensiles de cuisine, Appareils de Chauffage et d'Eclai-
rage, Faïences, Porcelaines, Verres, Cristaux, etc.

EXTRAIT DES PRINCIPES GÉNÉRAUX

Vendre bon marché, principe duquel ne se
départiront jamais les administrateurs
des Grands Magasins **A LA PLACE CLICHY.**

NOTA. Les employés sont tenus de renseigner exactement
les acheteurs, de leur signaler les moindres défauts des marchandises et de ne leur garantir que celles reconnues bonnes.

Toute marchandise qui a cessé de plaire ou qui ne répond
pas à la garantie donnée, est sans difficulté échangée ou
remboursée au gré de l'acheteur sur la présentation de facture, ou indication de la date d'achat.

Cette condition ne souffre que deux exceptions : 1o Lorsque l'article a été porté, ne fût-ce qu'une fois; 2o Lorsque le
laps de temps écoulé entre l'achat et le rendu est assez long
pour que la marchandise soit démodée.

ENVOI FRANCO, SUR DEMANDE, DE CATALOGUES & ÉCHANTILLONS

les chairs se gonflent, se déchirent, saignent.

Debout ! En route pour Abomey... Alors commence un calvaire affreux. Les gardiens farouches des captifs s'amusent, tout le long du chemin, à leur cogner en mesure sur la tête et à leur arracher plaisamment des touffes de cheveux, tellement bien que les pauvres otages peuvent se demander si, à leur arrivée devant le monarque noir, ils ne seront pas complètement chauves.

Sur leur passage les femmes et les enfants accourent, les aspergent d'eau bourbeuse, accompagnent ces jeux cruels de féroces éclats de rire.

Eh bien ! malgré cette situation affreuse, la crânerie française retrouve ses droits légendaires de bravade méprisante et de gaieté héroïque. Liés tous ensemble, obligés de faire à la fois le même mouvement en marquant le pas, les prisonniers se donnent mutuellement le signal classique : « Une,.. deux... trois ! » et leurs rires dédaigneux se mêlent aux cris menaçants des bourreaux.

Par une attention aussi délicate que rassurante, les gardiens promènent devant les captifs une large bassine destinée à recueillir leur tête et contenant déjà celles de quatre tirailleurs sénégalais.

C'est dans cet appareil macabre que les otages arrivent ou plutôt se traînent devant le palais du roi Badazin. On leur sert des vivres barbares et du tafia répugnant. Vont-ils être libres ou suppliciés ? Ils songent alors à la patrie lointaine et trouvent dans leur cœur la vaillante inspiration de porter, en buvant l'exécrable liqueur africaine, un toast à la France !

Obligé enfin de rendre la liberté aux prisonniers, le roi de Dahomey les congédie avec son plus beau sourire et leur remet, lui-même, quatre pagnes destinés à être offerts en présent à... M. Carnot !

Il ne manque pas de faire valoir le don royal, et il compte que le président de la République voudra bien se parer dans les grandes solennités de ces vêtements africains.

A LA PLACE CLICHY

PARIS   NOUVEAUTÉS   **PARIS**

La Mode, qui était cet hiver au style moyen âge, paraît vouloir varier ses caprices, et quoiqu'il soit encore bien prématuré de fixer son opinion sur ce qui se portera cet été, nous pouvons, d'ores et déjà, prédire que les tissus anglais, soit en neigeuse ou en beige, seront très en faveur pour la demi-saison. Les nuances claires surtout auront tout le succès qu'on en attend. Les gris et les beiges seront les mieux portés pour manteaux de voyage et de promenade. La garniture de jais est appelée à faire fureur sur ces vêtements et sera employée à profusion, soit en cabochon, soit en pluie.

Les galons de métal feront aussi l'ornement des pèlerines Henri III que l'on portera très longues avec broderies de soie mélangées de pierreries de couleur.

En matière d'art, nous parlons du costume féminin qui est un art véritable, les grandes lignes enveloppant le corps et dessinant les formes constituent la plus gracieuse coupe pour les vêtements d'été. Les ornements délicats, les garnitures compliquées conviennent parfaitement aux costumes printaniers qui semblent emprunter leur coquet caractère au renouveau des mois fleuris. Les costumes resteront dans la note claire et les tissus anglais, qui s'adaptent si bien aux façons tailleurs, auront encore la préférence pour les costumes de courses. Les jupes costumes de la saison d'été seront ornées de hauts volants en même tissu ; pour les robes plus riches, ces hauts volants seront en dentelle on en broderie genre guipure ; ce qui est du reste d'un effet très réussi.

En ce qui concerne les chapeaux, le succès est réservé aux grandes capelines en paille ajourée, avec gerbe et bouquet de fleurs ; ce qui est du reste beaucoup plus pratique que les petits chapeaux genre Louis XI que l'on a tant portés.

Malgré leurs inquiétudes aussi constantes que légitimes, les otages ne peuvent s'empêcher de faire de curieuses remarques sur le cérémonial dahoméen.

Quand le roi crache, tous les courtisans se mettent à cracher : s'il éternue, ils éternuent ; s'il tousse, ils toussent en exagérant toujours le bruit que fait Sa Majesté.

Je ne sais quel explorateur — je crois bien que c'était Bonnat — se trouvait un jour à la cour du Dahomey. Il remarque qu'avec une dignité trop empressée le roi, qui, sans doute, avait mangé trop de bananes, s'esquivait vers un endroit où tous les monarques du monde, noirs ou blancs, ont l'habitude de n'aller qu'à pied.

A chaque pèlerinage, les courtisans se lèvent comme mus par un même ressort et s'éloignent à grands pas en simulant des coliques imaginaires et faisant des contorsions épouvantables, d'un comique achevé.

Une autre fois, le voyageur Jonathan Kleibs, traversant les rues de la capitale Abomey, remarque avec stupéfaction que tous les habitants sont absolument gris. De tous côtés ils vacillent, tibulent, chancellent et roulent dans la poussière.

Tout un peuple ivre, quel tableau saisissant et nouveau ! Le voyageur anglais s'informe et apprend, non sans surprise, que pas un de ces habitants n'a bu une goutte de vin de palme. Mais le roi s'est grisé horriblement, et s'inclinant devant son plumet souverain, le peuple en masse simule une ivresse chimérique en ayant l'air d'être « pompette » ! La plupart de ces faux ivrognes étaient, les malheureux, à jeun !

On raconte que les prisonniers de Balazin assistèrent pendant leur captivité à une sorte de duel judiciaire, de « jugement de Dieu » qui les intéressa vivement : Y a-t-il rivalité entre deux chefs ? on donne à chacun d'eux un coq, après que les deux bêtes ont été empoisonnées. Le possesseur du coq qui meurt a tort et est condamné à mort.

GRANDS MAGASINS
DE LA
PLACE CLICHY
PARIS   NOUVEAUTÉS   PARIS

Par suite des agrandissements continuels de notre **COMPTOIR DES SOIERIES**, nous ne saurions trop recommander aux Dames deux *Magnifiques Etoffes en Cachemire de Soie noire* fabriquées spécialement pour notre Maison.

Les soins les plus actifs étant apportés à la fabrication de ces deux étoffes, nous en garantissons l'usage, et nous entendons par garantir, rembourser intégralement le montant de l'achat qui n'aurait pas donné entière satisfaction.

L'éloge de ces dites étoffes n'est plus à faire, attendu que notre Rayon de Soieries est à même de tenir la première place dans les affaires de ce genre.

LE PARIS-MONCEY
DRAP DE SOIE
Larg. : 60 cent. — Prix : **4.90**

ROSE BLANCHE
CACHEMIRE DE SOIE
Larg. : 60 cent. — Prix : **5.75**

NOTA.— Tous les Vendredis matin, vente des coupons de la semaine à tous nos comptoirs.

Seulement, le hasard n'est pour rien dans l'affaire. Au champion que l'on veut perdre on remet le coq qui a avalé un poison sûr, tandis que l'autre coq n'en a avalé qu'une très légère dose.

C'est ainsi qu'au Dahomey comme partout, il est avec le ciel des accommodements et que l'injustice est un peu de tous les pays.

Un mot de la Faune et de la Flore de ce curieux pays :

Dans les villages on entend glousser les poules et claironner les coqs, bêler de grands moutons sans laine, chevroter le long des buissons de mimosas des chèvres mignonnes, ressource précieuse des caravanes. Dans les champs, petits chevaux et petits bœufs à bosse, petits zébus à l'allure vive et coquette, trottinant, galopant sous un cavalier noir au grand parasol jaune.

Autrement intéressante la faune sauvage de ces contrées. Dans les forêts vierges, les ravins et les collines, se font entendre le rugissement du lion, le miaulement des panthères et des léopards, les sanglots du chacal, les ricanements lugubres des hyènes. Sur les bords des fleuves et des rivières, d'énormes crocodiles, traînant leur dos livide et cuirassé, s'allongent comme de gigantesques racines ; l'hippopotame élève à la surface des eaux sa tête monstrueuse et le buffle sauvage, le rhinocéros, les gracieuses antilopes aux cornes fantastiques que guette un boa de seize pieds, viennent se désaltérer côte à côte.

Sur la lisière d'un bois profond passe, suivi de sa compagne, un chimpanzé, caricature saisissante et mystérieuse de l'homme ; adossé à quelque roche moussue, le « singe noir à barbe blanche » semble un vieillard des bois perdu dans des rêveries inconnues et le « singe gris » aux longs poils soyeux, admirable fourrure, gambade et cabriole au faîte des palmiers.

GRANDS MAGASINS
DE LA
PLACE CLICHY

PARIS   NOUVEAUTÉS   **PARIS**

Les gants *Moncey*, *Monceau* et *Princesse* sont fabriqués avec les premières recettes des peaux de France. Ils jouissent de longue date, et à juste titre, d'une *Réputation de supériorité incontestable*. Aussi les élégantes les ont-elles adoptés de préférence à toutes les marques connues.

ANTS CHEVREAU MONCEY

	Unis	Brodés
Chevreau Moncey 3 boutons.......	4.75	4.90
Chevreau Moncey 4 boutons.......	5.50	5.75
Chevreau Moncey 6 boutons.......	6.75	6.90
Chevreau Moncey 8 bout. mousquet^{re}.	7.75	7.90
Chevreau Moncey 12 bout. mousquet^{re}.	10.75	10.90
Chevreau Moncey 2 bout. p^r hommes.	4.75	

GANTS CHEVREAU MONCEAU
MÉDAILLE D'ARGENT

Nouvelle coupe brevetée supprimant la couture de côté, et diminuant la main en la rendant plus gracieuse.

6 Boutons, fermeture de côté brevetée..	**5.50**
8 Boutons, fermeture de côté brevetée..	**6.50**

GANTS SUÈDE PRINCESSE
Fleur de Suède extra garantie

Suède Princesse 4 boutons.............	**3.75**
Suède Princesse 6 boutons.............	**4.50**
Suède Princesse 8 boutons ou mousquetaire.	**5.50**
Suède Princesse 10 boutons ou mousquetaire.	**6.50**
Suède Princesse 12 boutons ou mousquetaire.	**7.50**

Les gants *Moncey*, *Monceau* et *Princesse* sont remplacés s'ils se déchirent.

LA TZARINE

Nouveau parfum Franco-Russe

EAU DE TOILETTE SUPERFINE

Le flacon .... 2 fr. 90 | Le 1/2 litre ... 7 fr. 75
Le grand flac. 4 fr. 75 | Le litre ...... 14 fr. 75

EXTRAIT POUR DENTELLES ET MOUCHOIRS

Le flacon .... 2 fr. 50 | Le gr. flacon. 3 fr. 50

Lotion extrafine pour les soins de la tête. Le flacon .... 3 fr. 50
Huile extrafine pour les cheveux. Le fl. 2 fr. 50
Brillantine pour la barbe. Le flacon ... 2 fr. 50
Cosmétique fixateur. Le bâton .... 2 fr. »
Glycérine pour la beauté de la peau. Le flacon .... 2 fr. »
Crème pour la beauté du teint. Le pot.. 2 fr. 50
Pommade pour les cheveux. Le pot .. 2 fr. 50
Bains de la Tzarine (hygiène, santé). Le flacon........................ 1 fr. 10

VELOUTINE RUSSE

Adhérente, invisible et impalpable
La boîte... 2 fr. 40

ROSE — RACHEL — BLANCHE

SAVONS EXTRAFINS

(Pâte spéciale)

La boîte de 3 pains... 4 fr. 90

PARFUM EXQUIS

Comme un esclave qui se sauve, apparaît un grand nègre fuyant une invasion de fourmis s'avançant en colonnes serrées et grouillantes, procession formidable et redoutée ayant vingt mètres de large sur cinq ou six cents pieds de long. A sa main, le chasseur noir que chassent les fourmis porte un chat-tigre encore sanglant, dont la peau fera un bonnet de guerrier ; à sa ceinture, il a passé un reptile mort, le « petit serpent vert » aux crocs mortels, tout puissant dans les sortilèges et cher aux grands fétiches.

Une intolérable odeur de musc décèle la présence voisine du fameux « serpent noir » énorme et court, étrangement trapu, à la large tête aplatie, comme écrasée, disposée en fer de lance ; son agilité est incroyable, sa force de reptation prodigieuse. Furieux, il fait des bonds rapides comme la flèche, s'acharne après son adversaire ou plutôt sa victime, souillant la terre d'une bave empoisonnée qu'il lance jusqu'à douze ou quinze pieds.

L'éléphant est encore fort commun au Dahomey, où le précieux ivoire est chassé à outrance. C'est en effet par millions que se fait chaque année, dans les forêts africaines, un commerce établi de défenses prodigieuses par leur poids et leur grandeur. Et l'on a le droit de se demander si, dans un demi-siècle, l'éléphant d'Afrique n'ira pas rejoindre le mastodonte et le mammouth à jamais disparus dans la nuit des âges.

Voici maintenant le Phacochère, le sanglier de ces régions sauvages, manger exquis, bête horrible. Son groin appartient à la fable et sa tête monstrueuse, bizarre, a l'air de sortir de l'Apocalypse.

Le léopard est commun et singulièrement estimé au pays du Dahomey. Le roi s'intitule lui-même « le Grand Léopard ». C'est le plus glorieux de ses titres, le plus noble de ses sobriquets barbares. Des dents du léopard, le Dahoméen confectionne des boucles d'oreilles, des bracelets, des colliers ; de sa peau éblouissante,

Produits d'Alphonse Karr

AUX

VÉRITABLES VIOLETTES DE NICE

Eau de toilette (Intime). . . . Le fl.	2	40
Extrait superfin pour mouchoirs. —	3	»
Huile superfine pour les cheveux. —	2	50
Brillantine pour la barbe. . . . . —	2	50
Glycérine pour les peaux délicates. —	2	»
Cold-Cream onctueux pour le teint. .	3	»
Lotion pour les soins de la tête. Le fl.	2	50
Vinaigre hygiénique . . . . . . —	2	»
Cosmétique fixateur . . . Le bâton.	2	»
Pommade extrafine pour la chevelure.	2	25
Poudre de riz contre le hâle.	2	25
Savon dulcifié. . La boîte de 3 pains.	5	75

ÉLIXIR DENTIFRICE

DES CHARTREUX

Le petit flacon.	1 25	Le 1/2 litre. .	7 75
Le grand flacon.	2 90	Le litre . . .	14 75

Nous possédons toutes les premières marques
de parfumerie

PRIX INCOMPARABLE

der ceintures et des bonnets, des pagnes, des
turbans ; de ses griffes, il fait des fétiches ; de sa
queue, un talisman.

Le léopard du Dahomey est le plus beau, le
plus fort, le plus gracieux et le plus féroce de
tous les léopards.

Rapace, farouche, hardi, cruel, vorace, il attaque tout ce qu'il rencontre et tue tout ce qu'il
attaque. Ses bonds sont si légers qu'il semble
à peine toucher le sol, rebondit comme une
balle et traverse sans hésitation les grands
fleuves à la nage. C'est le fléau des troupeaux, la
terreur trop justifiée des bêtes et des hommes, la
cruauté idéale, la férocité incarnée. Aussi n'est-
il pas étonnant que ce félin terrible soit devenu
l'emblème favori des rois du Dahomey

Après la Faune, voici la Flore étrange et cu-
rieuse de ces contrées, qui excite l'admiration du
voyageur par la variété comme par la magnificence de ces richesses botaniques :

C'est d'abord le palmier « l'arbre providence »
de ces régions ; le palmier, dont l'huile abondante
et précieuse est la première richesse iudustrielle
du Dahomey.

Cet arbre presque sacré prodigue aux indigè-
nes le « tombon », excellent vin de palme et un
savon parfait qui ne saurait, hélas ! blanchir les
épaules des élégantes Dahoméennes ! Le palmier
est peut-être l'arbre de la création qui rend le
plus de services à l'humanité.

Répandu sur toutes les régions des tropiques
et de l'équateur, il est pour l'indigène ce que le
bambou est pour la Chine, le chêne pour notre
Occident, le bouleau pour la Laponie.

Voici encore la canne à sucre, le dattier, l'ana-
nas aux buissons odorants et pressés ; le fruit
succulent du plantanier, le cocotier, le bananier
aux ressources aussi précieuses que variées, le

GRANDS MAGASINS
DE LA
PLACE CLICHY

PARIS   NOUVEAUTÉS   PARIS

Les Grands Magasins de la **PLACE CLICHY** sont seuls importateurs des **Tapis soyeux** provenant des districts montagneux du Thibet (Asie), fabriques à Ouchac, Ghiordès, Coula, Demirdjick, etc. (Province d'Asie-Mineure.)

Notre **COMPTOIR de TAPIS** acquiert, d'année en année, une importance plus grande par les produits chaque fois plus nombreux, plus remarquables, que nous nous efforçons de rassembler.

Ce succès est dû aux voyages répétés de nos acheteurs qui ont acquis une grande expérience d'exploration dans ces pays lointains ; et la recherche des pièces dignes d'intérêt deviendra de jour en jour **plus** laborieuse.

On ne saurait trop conseiller aux amateurs de pièces rares de venir visiter notre **COMPTOIR DE TAPIS**, persuadés qu'ils trouveront un choix complet parmi ces types étrangers et originaux.

Nous nous mettons, en outre, à la disposition de nos clients pour exécuter toutes les commandes de Tapis qu'ils auraient à nous soumettre dans un délai maximum de trois mois.

fameux « bessé », fruit réconfortant et délicieux, de la plus grande importance alimentaire, exporté par les Dahoméens jusque dans l'Afrique centrale d'où ils rapportent en échange des richesses ignorées.

C'est enfin le millet, le maïs, le manioc, l'igname, le riz, le coton, le caféier, appelé par l'indigène : « l'arbre d'or ».

Dans les forêts apparaissent l'arbre à lait et l'arbre à beurre, le fameux karité, si commun dans le Gabon ; ici des cactus énormes et bizarres, plantes mimes affectant les formes les plus singulières et les plus inattendues, frappant le regard par de saisissantes images, l'étonnant ou le terrifiant par de prodigieuses ressemblances.

Le miaulement d'une panthère ou le cri rauque d'un léopard dérangé dans sa sieste voluptueuse, s'élève des fourrés parfumés de nysens ou des buissons de mimosas aux grappes élégantes, aux fleurs odorantes et jaunes. Des chèvrefeuilles s'enguirlandent autour d'arbres deux ou trois fois centenaires et retombent sur le sol en rameaux capricieux et flottants ; un serpent monstrueux dresse sa tête aplatie et bariolée au milieu des grandes fougères et des herbes parfumées qu'il souille de sa bave ; des fleurs éclatantes et sauvages, sans histoire et sans nom ; des plantes aux éblouissantes corolles, au calice impur, distillant un poison mortel.

Telle est, à grands traits, la flore du Dahomey, fleur lui-même de cruauté et de barbarie.

Nous voici arrivés à la religion dahoméenne, aux fétiches grossiers et sanglants, aux superstitions féroces, aux odieux sacrifices humains.

Je n'emprunte cette page sanglante à aucun livre, à aucun journal. C'est le récit autorisé que me fit, un jour, un contre-amiral ayant beaucoup fréquenté, comme lieutenant de vaisseau, les parages inhospitaliers et barbares du Dahomey.

Le Dahomey est le pays du fétichisme le plus extravagant et de la cruauté la plus sauvage. Les abominables sacrifices humains y sont fréquents

GRANDS MAGASINS

DE LA

PLACE CLICHY

PARIS *NOUVEAUTÉS* PARIS

Les Grands Magasins de la **PLACE CLICHY**, les premiers sans contredit dans l'art de la tapisserie, la décoration et l'ameublement, viennent, sur la demande expresse de leur clientèle, de créer un nouveau **Rayon de Meubles en bois**, situé dans les annexes, 32, rue Saint-Pétersbourg, emplacement occupé autrefois par le service des livraisons.

Nos lectrices y trouveront groupé tout ce que l'industrie française de l'ameublement a fait de mieux, tant au point de vue du goût qu'à celui du bon marché, tout en conservant la solidité que l'on est en droit d'exiger dans les meubles.

Les expositions successives du Palais de l'Industrie et des Beaux-Arts (Champs-Elysées) où s'étale la magnificence de tout ce que le Levant et la Perse produisent de beau et de riche en Tapisseries et Broderies, sont toujours décorées par les soins des Grands Magasins de la **PLACE CLICHY**.

On peut donc affirmer, sans aucun esprit d'orgueil, que partout où il y a de grands effets à obtenir, les Grands Magasins de la **PLACE CLICHY** occupent toujours le premier rang, et ont ainsi acquis la supériorité incontestée dans l'art de la décoration.

A LA PLACE CLICHY

PARIS — Rue d'Amsterdam et rue de St-Pétersbourg — PARIS

GARDE ET CONSERVATION DE TAPIS A L'ANNÉE

TARIF

Les locaux affectés à la conservation ou au battage viennent d'être agrandis de tout un corps de bâtiment. La grande quantité de tapis que nous pouvons loger dans ces halls construits avec économie, nous permet de sérieuses réductions.

Prière à notre Clientèle de prendre note du nouveau tarif publié ci-dessous :

Battage et conservation d'un tapis cloué, Moquette française ou Orient, dépose, repose et assurance comprise...................... **6** »

Battage et conservation d'une carpette volante, quelle que soit la grandeur, assurance comprise .... **5** »

Battage et conservation d'une descente de lit ou devant foyer, moquette française, assurance comprise...................... **1 50**

Tout tapis reposé dans une autre pièce ; ajustement supplémentaire...................... **5** »

Couture des tapis à raison de 0 fr. 50 le mètre courant

Battage et conservation, rideaux lit avec ou sans draperie, dépose, repose et assurance comprise...................... **10** »

Battage et conservation, rideaux fenêtre avec ou sans draperie, dépose, repose et assurance comprise...................... **6** »

Battage et conservation, rideaux portière simple avec ou sans draperie, dépose, repose et assurance comprise...................... **3** »

Nota. — Tous rideaux reposés dans une nouvelle pièce seront l'objet d'un devis supplémentaire.

Vaporisation des tapis et étoffes. Le mètre carré...................... **2 50**

Nettoyage de tapis, moquette française. Le mètre carré...................... **2** »

Nettoyage de tapis d'Orient. Le mètre carré.. **2 50**

Nettoyage des toiles d'escalier. Le mètre carré **1** »

N. B. — La Banlieue de Paris étant desservie par nos voitures, les livraisons à la campagne n'entraînent à aucun supplément de prix pour les départements de la Seine et de Seine-et-Oise.

et honorés, et il ne paraît pas que la civilisation puisse arrêter, de longtemps, la main des bourreaux.

Ce fétichisme insensé est la base de la religion sanglante des Dahoméens Aux fétiches les plus grotesques et les plus divers on fait des offrandes bizarres, on immole des milliers de victimes humaines, on verse des flots de sang.

Tout est fétiche : ce bois, ce rocher, cet arbre, ce morceau de fer, ce fragment de faïence, ce bouton de guêtre, ce lac, ce buisson, ce coquillage, cette fontaine, cette ruine, cette dent de poisson, cette peau de reptile, cette griffe d'oiseau. L'esprit malfaisant et cruel qu'on adore flotte dans l'air, voltige sur les eaux, se balance dans les vapeurs, se cache dans le brouillard, danse dans un rayon de soleil, écoute à la porte des maisons, s'accroupit sur les nattes, ondule dans les herbes, est personnifié dans un crocodile, un singe, un serpent, un vautour, se réjouit quand il voit la foule des victimes se tordre et mourir dans d'atroces supplices.

C'est presque toujours le roi, lui-même, qui donne le signal de ces massacres en grand. Aussitôt commence un carnage affreux dans les rues inondées de sang, obstruées de cadavres, pavées de têtes hideuses : un tableau inénarrable, fantastique, inouï, dépassant toutes les bornes de l'atrocité et de la folie.

Et, de ce champ de meurtre où l'on ne voit que des épées qui se lèvent et des têtes qui tombent, se dégagent des senteurs intolérables, âcres et suffocantes, parfum exécrable d'agonie et de mort.

Quand le roi veut s'amuser, il ordonne le martyre des victimes. Au lieu de tuer en bloc, de décapiter à tour de bras, les bourreaux les mutilent, les mettent en croix, les déchirent, les tenaillent avec un art et un raffinement inouïs. Sur les blessures qui saignent on pose, en se réjouissant des contorsions des suppliciés, des charbons ardents, des cendres incandescentes, les fers rougis.

GRANDS MAGASINS DE LA PLACE CLICHY

PARIS

Rue d'Amsterdam, 97, 99 et 101 - Rue St-Pétersbourg, 52, 56, 58, 40, 42 et 44

EXPÉDITIONS POUR LA FRANCE & L'ÉTRANGER
ENVOIS D S MARCHANDISES

Les Grands Magasins **A LA PLACE CLICHY** se chargent de l'expédition de leurs articles pour tous les pays du Monde. — Afin d'éviter tout retard, ils prient les Dames de vouloir bien rappeler chaque fois leur adresse exacte et complète.

Renseignements généraux concernant : Expéditions et Conditions d'affranchissement

Pour la France, l'Alsace-Lorraine, l'Angleterre, l'Allemagne, la Belgique. la Hollande, la Suisse, l'Autriche-Hongrie et le Grand-Duché de Luxembourg, tous les envois atteignant une valeur de **25** francs sont expédiés contre remboursement, franco de port et des frais de recouvrement, à destination de toutes les localités desservies par une gare de chemin de fer.

Pour l'Italie continentale franco, mais payé d'avance.

Pour tous les autres pays, l'affranchissement n'a lieu que jusqu'à l'extrémité des frontières françaises ou jusqu'aux ports d'embarquement.

Les colis postaux *payés à l'avance franco* à partir de **25** francs par colis, pour les pays ci-dessus ainsi que pour l'Algérie. la Tunisie, la Corse, le Sénégal, l'Espagne, le Danemark, le Portugal, la Sicile et la Sardaigne. — A partir de 30 *kilogrammes, les colis sont expédiés par petite vitesse.*

TARIF A FORFAIT

Les droits de douane perçus à l'entrée des pays étrangers sont entièrement à la charge des destinataires.

Pour éviter toutes démarches et formalités à nos clientes, nous nous chargeons de faire nos expeditions aux conditions suivantes, lorsque les localités sont desservies par le chemin de fer ou stations maritimes.

Franco de port et douane pour l'Alsace-Lorraine, l'Allemagne, l'Autriche-Hongrie, en ajoutant 15 0/0 au montant de la facture.

Franco de port et douane pour la Belgique en ajoutant 5 0/0 au montant de la facture. .

Franco de port et douane pour la Hollande sans augmentation.

Les Meubles, Literies, Tapisseries, Suspensions, Faïences, Cristaux et gros objets encombrants ne sont pas compris dans nos tarifs à forfait : il en est de même pour certains tissus très lourds à expédier en Allemagne et en Alsace-Lorraine, qui ne représentent pas une valeur suffisante en raison de leur poids.

Pour la Suède, la Norvège, la Serbie, la Bulgarie, le Monténégro, la Turquie, l'Egypte ; dans les colonies françaises :

La Guadeloupe, Martinique, Mayotte, Nossi, Annam, Tonkin, nous prenons à notre charge le port d'un colis postal, lorsque la commande atteint **50** francs.

Pour le Chili, la République Argentine, nous débitons une partie du port, soit **1 fr. 50.**

Et les pauvres mutilés, couverts des lazzis et des huées de la foule que tant de cruautés enivre, viennent tressauter et danser de douleur devant le dais royal où les rires féroces et les vivats ironiques acclament leurs tortures !

Tous ces cadavres seront dévorés par les vautours qui, déjà, planent et tourbillonnent sur le champ de fête avec des cris rauques, profilant sur le ciel leur bec impur, affamé de chair morte.

Puis, on fera bouillir les têtes des suppliciés pour en extraire les lambeaux de chair oubliés ou dédaignés des vautours, et tous ces crânes formeront les hideux trophées de la barbarie africaine, s'en iront, disposés avec art, enguirlander les tombeaux des rois du Dahomey.

La mort, c'est le mot d'ordre de ce peuple de supplices et de meurtres.

Pour un rien on décapite, on égorge, on assomme, on mutile, on brûle, on met en croix. Si l'on verse de l'huile de palme dans la rue, c'est la mort ; si on laisse tomber un régime de bananes, encore la mort. Celui qui crache ou éternue devant le palais du roi est décapité.

Mais ces meurtres isolés, ces martyres d'occasion ne comptent pas. Ce qui compte, ce sont ces razzias humaines que les sujets du roi opèrent dans les pays voisins et qu'on paye cinquante centimes la tête !

Un trait remarquable et singulier caractérise le peuple du Dahomey, aussi dur à lui-même qu'implacable aux autres : c'est un dédain superbe de ces tortures horribles, un mépris souverain de la mort, une négation virile et farouche de la douleur humaine qui pour lui « n'a même pas un nom ».

Au milieu des plus atroces supplices, impassibles et toujours fiers, les Dahoméens bravent le tourment, rejettent la prière et méprisent le pardon. Devant mourir, ils meurent, et, sans plainte, sans menace, sans pose, ils supportent, en silence stoïque, ces tortures odieuses qu'ils n'hésiteraient jamais à faire subir.

Envois en petite Vitesse et franco

Les colis d'un poids élevé en raison de leur valeur, tels que : Tapis, Matelas, Oreillers, Porcelaines, Cristaux, etc., sont envoyés franco de port et par Petite Vitesse, sauf ordre contraire du client: dans ce cas, là différence entre la grande et la petite Vitesse est à la charge du destinataire. — Exception est faite lorsque le colis représente une valeur de 100 francs par 10 kilos.

Envois en Petite Vitesse et non franco

Les envois de Meubles et de literie, les Suspensions, Chevaux mécaniques et autres, Voitures, Nattes de Chine, Linoléum, etc., sont faits *non franco* de port et par petite Vitesse.

EMBALLAGES

Les frais d'emballage *en caisse* des objets fragiles, tels que : Fleurs, Chapeaux, Porcelaines, Cristaux, Statuettes, Jouets, Meubles, Literie. etc., etc., sont à la charge de l'acheteur. Ces marchandises. emballées avec les soins les plus minutieux et le moins de frais possible, voyagent aux risques et périls des destinataires. (Les emballages de literie pouvant supporter le voyage sous toile et paille sont à notre charge.)

IMPÔTS

En raison de l'extrême modicité de nos prix de vente, nous sommes obligés de laisser à la charge de nos clients une partie des impôts et frais dont sont grevées les expéditions faites contre remboursement. Ces impôts s'élèvent à 0 f. 90.

Les commandes payées à l'avance et celles pouvant être expédiées en colis posteaux, sont exonérées de ces impôts et frais.

COLIS POSTAUX FRANCE

Ces colis ne doivent dépasser le poids de 3 kilos ; leur affranchissement au départ étant obligatoire, nous appliquerons le tarif suivant aux commandes au-dessous de 25 fr. qui pourront être expédiées par cette voie :

Sans remboursement { **0 fr. 60** livrable en gare.
{ **0 fr. 85** — à domicile.

Avec remboursement { **1 fr. 20** livrable en gare.
{ **1 fr. 45** — à domicile.

NOTA. — *Pour les localités non desservies, prière de nous indiquer la gare sur laquelle nos envois doivent être dirigés.*

Les colis postaux hors de France (la Corse exceptée), ne peuvent être grevés d'aucun remboursement ni débours; ils ne doivnt peser plus de **3 kil.**, ni depasser une dimension de **60 centimètres** ou un volume de **20 décimètres.** Les colis postaux pour la Belgique, la Suisse et le Grand-Duché du Luxembourg sont acceptés sans limite de dimension.

AVIS

Nous prions les clientes de vérifier avec soin tous les colis qui leur sont présentés, et pour ceux parvenus en mauvais état, de n'en prendre livraison qu'en formulant leurs réserves par écrit sur le livre du transporteur afin de réserver tout recours en cas d'avaries ou de manquants.

Sans doute ce ne sont pas là les dévouements sublimes des martyrs de la foi, de la science et de la patrie, jetant la guenille humaine aux quatre vents du triomphe d'un sentiment, d'un progrès, d'une idée, d'une espérance......

Mais elle est grande pourtant, cette hautaine insouciance de la douleur et de la vie. Elle fait des braves et des forts. La foi, la science et la patrie fond des héros ou des martyrs. Leur sang régénère et féconde le monde. Le sang de ces malheureux est bu par le sable et ne désaltère que les vautours.

Eux aussi les Gaulois, nos ancêtres, se riaient de la mort et ne craignaient que la chute du ciel sur leur tête. Mais ils ne la défiaient pas d'un air farouche. Avec une crânerie charmante, ils jouaient leur vie libre dans un pari léger et payaient joyeusement. Ils marchaient au supplice comme au combat, comme à la fête, souriant à la mort et l'abordant avec leur gaieté gauloise.

****

Tels sont les Dahoméens, vigoureux et braves, mais abrutis par le fétichisme et dégradés par la cruauté, se présentant dans l'histoire des peuples, les bras et les mains couverts de tant de sang que tous les fleuves d'Afrique ne sauraient le laver.

Tout cela n'est-il pas inconcevable, odieux, inouï, insensé ? Est-ce que ce sang qui souille le royaume du Dahomey ne forme pas comme une tache immense qui déshonore et salit l'humanité tout entière ? Eh bien, ces barbares, paraît-il, valent beaucoup mieux que leur monstrueuse renommée. Le Dahoméen est très doux aux bêtes ses auxiliaires et ses amies ; rarement il bat ses esclaves et jamais cruellement. La mère, si peu mère par l'autorité et le rang, l'est profondément par le cœur. La vieillesse est soutenue et honorée. Quelle est donc la source inépuisable et maudite de toutes ces férocités ? Le fétichisme

GRANDS MAGASINS DE LA PLACE CLICHY

PARIS

EXPÉDITIONS POUR L'ALGÉRIE, LA TUNISIE & LA CORSE

Toute commande de **50 francs**, au moins, est envoyée **franco** dans toute l'Algérie, la Tunisie et la Corse, moyennant une augmentation de 5 0/0 sur le montant de la facture.

Toute commande de **50 francs**, au moins, est expédiée **franco** sans augmentation dans les villes d'Alger, Bône, Bougie, Oran, Philippeville, Tunis, Bastia, Ajaccio et Calvi (**service spécial**).

Les commandes postales pour l'Algérie et la Tunisie doivent être soldées à l'avance. Le poids maximum d'un colis postal est de **3 kilos**; il ne doit pas dépasser **60 centimètres**, ni excéder **20 décimètres** cubes. Tout envoi postal d'une valeur de **25 francs**, au moins, est expédiée **franco** dans toute l'Algérie, la Tunisie et la Corse. Toute commande au-dessous de **25 francs** n'a pas droit à l'affranchissement, il faut ajouter le port au montant de l'achat en prenant pour **base** le tarif postal suivant : **0 fr. 85** ou **1 fr. 10** suivant que le colis est adressé au port ou à domicile dans toute ville desservie par un port de débarquement ; **1 fr. 10** ou **1 fr. 35** pour l'intérieur suivant que le colis est adressé Bureau Restant ou à domicile.

En dehors de ces conditions le port, à partir de **25 francs** seulement, ne serait payé que jusqu'à Marseille.

RENSEIGNEMENTS COMPLÉMENTAIRES

Toute commande payée à l'avance a droit à l'affranchissement d'autant de colis postaux qu'elle représente de fois **25 francs**.

Les commandes non postales, c'est-à-dire pesant plus de **3 kilos** et ne pouvant se diviser et celles dépassant les dimensions réglementaires, payées ou non, sont expédiées **franco** à partir de **50 francs**, mais avec une augmentation de 5 0/0 sur le montant de la facture ; comme il est dit d'autre part, celles contre remboursement payent en plus, un impôt de **0 fr. 90**. Les commandes non payées de **25 à 50 francs** s'expédient contre remboursement, **franco** Marseille, et l'impôt de **0 fr. 90** leur est applicable ; de Marseille à destination, le transport est à la charge du destinataire et les frais sont calculés d'après le tarif ci-après, de :

	0 à 2 k.	2 à 4 k.	4 à 6 k.	6 à 8 k.	8 à 10 k.
Intérieur	2.75	3.25	4.25	5 »	5.75
Port de débarquement	1 »	1.25	1.50	1.75	2 »

Ainsi une commande de **35 francs** pesant **5 kilos** payée à l'avance, si elle peut se diviser en 2 colis postaux, coûte **1 fr. 10** au destinataire et si elle est expédiée contre remboursement **5 fr. 35**, pour la raison que les colis postaux à destination de l'Algérie et de la Tunisie ne peuvent être grevés de remboursement, et sommes obligés d'employer le tarif général.

Les colis postaux pour la Corse peuvent suivre contre remboursement et sans augmentation.

inepte et dégradant ; la superstition enracinée dans ces cœurs qu'elle dessèche et dans ces esprits qu'elle affole.

Un jour certainement viendra où, écartant ces fétiches misérables d'une main souveraine, la civilisation fera disparaître à jamais ces taches de la barbarie comme des grains de poussière emportés par le vent.

En attendant, inclinons-nous bien bas devant les intrépides explorateurs et les vaillants missionnaires de la Patrie française, apôtres de justice, de civilisation, bravant dans leurs féconds pèlerinages, les glaces du nord et les sables des tropiques, des périls incessants et des épidémies meurtrières, la captivité, la torture, la mort ; n'ayant d'autre ennemi que la barbarie, d'autre diplomatie que le dévouement, d'autre politique que le progrès ; combattant, en martyrs et en héros, le grand combat de la délivrance et de l'humanité ; dotant les peuples déshérités de nos croyances et de nos lumières, de nos usages, de nos coutumes, de notre esprit de justice et de liberté ; apportant après mille dangers à la Patrie lointaine et retrouvée, de pacifiques conquêtes sans revanche ni frontière, dont s'ennoblit le genre humain ; ajoutant parfois à ces victoires incomparables l'offrande d'une découverte, d'un animal utile, d'une plante précieuse, d'une fleur charmante.

FULBERT-DUMONTEIL

Imp. Dubuisson et C°, rue Coq-Héron, (Pallet, gérant). — 7098

GRANDS MAGASINS DE LA PLACE CLICHY

PARIS

ENVOIS DE MARCHANDISES PAR LA POSTE

La poste ne répondant pas des objets qui lui sont confiés à titre d'échantillons, nous n'expédions par cette voie que sur la demande formelle des clientes et sans garantie de notre part. Pour plus de sécurité, nous prions les clientes d'ajouter, au montant de la commande, le prix du port qui est de **0 fr. 05** par **50 grammes** et de **0 fr. 25** pour la recommandation. Les paquets poste ne peuvent peser plus de **350 grammes**, ni mesurer plus de **30 centimètres** en tous sens.

DEMANDES D'ÉCHANTILLONS

Nous envoyons toujours **gratis** et **franco** nos échantillons, mais nous recommandons aux dames de limiter leurs demandes aux besoins du moment, afin de ne pas conserver les collections qui, au bout de très peu de temps, et en raison de l'activité de la vente, ne contiennent que des types d'articles épuisés. Il faut avoir soin, en demandant des échantillons, d'indiquer l'usage auquel on destine ces étoffes, de dire les nuances préférées et les prix approximatifs ; de cette manière, les choix seront parfaitement appropriés aux désirs de nos clientes.

Lorsqu'il s'agit de grands métrages, nous l'indiquer autant que possible.

ACTIVITÉ DE NOTRE VENTE

En raison de la grande activité de notre vente et du renouvellement constant de nos nouveautés, nous engageons beaucoup les Dames qui veulent bien nous honorer de leurs ordres, de toujours fixer leurs choix sur plusieurs échantillons pouvant se suppléer, et cela en vue d'éviter tout retard dans les envois et nouvelles correspondances.

RÉCLAMATION. — Nous prions instamment les Dames de nous signaler les inexactitudes dont elles auraient à se plaindre, et, dans ce cas, d'adresser leurs lettres à **MM. les administrateurs de la PLACE CLICHY**. *Bureaux des Réclamations.*

NOTA. — Les Magasins **A la Place Clichy** restant fermés les Dimanches et jours de Fête, il ne peut être donné suite que le lendemain aux lettres arrivées la veille au soir ou durant le jour férié.

GRANDS MAGASINS DE LA PLACE CLICHY
PARIS — NOUVEAUTÉS — PARIS
Rues d'Amsterdam et de Saint-Pétersbourg
SERVICE DES LIVRAISONS JOURNALIÈRES A DOMICILE POUR PARIS ET LA BANLIEUE